AF299773

L'ÉTAT ET LE PAYS.

En Angleterre, les chambres ne se considèrent qu'à titre d'organes, quant à l'intérêt général, qu'à titre d'arbitres entre les intérêts privés.

Et pour se rendre organes, il leur faut entendre l'opinion publique, expression animée de l'intérêt général ; et pour se porter arbitres, il leur faut écouter les vœux divers, auxquels l'esprit d'association souffle une voix.

(Du projet de loi sur la presse, 1827.)

PARIS,

A. PIHAN DE LA FOREST,
Rue des Noyers, n° 37.

1835.

ÉCRITS.

C'est une logomachie perpétuelle.

L'Etat est pris pour le pays, ou plutôt l'Etat est pris pour tout, le pays pour rien :

L'Etat, être fictif, abstrait, lequel ne s'entend, rationnellement parlant, que dans le sens des rapports de la cité avec les citoyens, et des rapports entre les différens peuples ;

Le Pays, être réel, positif, lequel renferme l'ensemble des existences vivantes et sensibles, à diriger, à protéger par l'Etat.

L'Etat, c'est moi : si Louis XIV parlait ainsi à haute voix, tout autre en son lieu, homme ou corps, aussitôt au faîte du pouvoir, commence par se le dire en secret, et finit par le croire en principe, par agir en conséquence.

En saisissant de l'œil et fixant de l'ame, en palpant à nu et au vif chaque existence comprise dans le pays, et en pesant à juste poids, en appréciant à digne prix, le pays comprenant toutes les existences, certes nul autre objet n'aurait à toucher, à frapper.

Même, le *moi* ne marquerait pas.

Aussi ne fait-on. Tout au contraire, dans le travail de l'imagination, satellite affidé des passions ambitieuses et cupides, il s'opère comme une fusion de toutes ces existences réfractaires et hétérogènes, d'où sort un bloc compacte, un corps parfait revêtu du titre de l'Etat.

Dès-lors, le pays, le peuple s'échappent, s'évanouissent et du sentiment et de la pensée : l'Etat seul reste à considérer par le pouvoir qui, d'abord, mis à son service, bientôt se l'assimile, s'identifie avec lui, l'allie à son être.

En apparence, il y a déception vis-à-vis des autres ; dans la réalité, il y a illusion en soi-même. Circuit vicieux ! La mauvaise foi débute à l'œuvre, avance sur les voies, parvient au terme ; et sur l'heure, ou même avant, la frêle conscience y est prise, est dupée en plein.

Le pouvoir se fait l'Etat, est l'Etat, ainsi qu'il le croit plus encore qu'il ne dit.

Que le pouvoir soit homme ou soit corps, à peu près de même sa nature est mi-matérielle, mi-intellectuelle : telle ou telle influence le domine, le possède.

Et voilà que l'Etat est inféodé tantôt sous la loi de l'une, puis de l'autre ; est tour à tour assujéti à leur rude service, ne gardant rien de son essence propre, n'existant plus que d'une vie étrangère.

Encore l'Etat, tant qu'il n'est manœuvré que par les excitations matérielles, rencontre en sa tâche, quelque pause et parfois même un terme, attendu qu'elles ne sont pas de sorte indéfinie.

Les suscitations idéales, libérées de règles, dépourvues de limites, *malmènent* bien autrement, ne ménagent aucunement, enfin épuisent les forces, abrègent la durée.

C'est ce qui a lieu, d'autant plus que les nations vieillissent sous le coup des temps, et d'autant

qu'elles tentent de se rajeunir à l'ombre de la liberté :
deux points qui concordent en ces funèbres jours.

L'âge avancé de la société fait qu'une part, forte
en nombre, notable en puissance, harassée de
plaisirs, écrasée de loisirs, afin de se rendre le sentiment de l'existence, afin de rentrer en la virginité
de l'être, est contrainte à tâter de la vie intellec-
tuelle, mentale.

Tandis que, d'autre part, les assemblées instal-
lées en titre et revêtues de force, s'excitant, s'exal-
tant et par l'accord et dans la lutte entre les membres,
ont une tendance irrésistible vers l'idéalité qui, seule,
est de nature à flatter, à charmer l'esprit de corps.

C'est l'histoire de France depuis un demi-siècle,
et pour des siècles peut-être.

Idées d'égalité, de liberté, de souveraineté, idées
de lumières et même de vertus, idées de gloire et de
conquête, idées d'honneur et de renom, écloses
tour à tour, se supplantant à l'envi, et anticipant
les temps, outrepassant les forces, manquant en
possible le bien, amenant le mal jusqu'à l'impos-
sible ! ! !

A cette heure, l'ouragan mental, la tourmente
idéale éclatent au degré le plus extrême et s'échappent à travers les vaines outres où le pouvoir tente
de les comprimer, parmi le parti républicain.

Ailleurs et dans les autres foyers de parti, à peine
il s'en montre vestige, l'opposition légitimiste et dy-
nastique étant de même désapointée en ses vieilles
espérances et n'affichant plus un système politique
que pour éblouir ses sectaires.

Seulement la tendance persiste, moins âpre et aussi tenace, sur les sièges du pouvoir, comprenant le cabinet et les chambres.

De là, non cependant que la peur n'y vint joindre ses influences, en 1830, cet attirail, cet apparat militaire, si coûteux en argent et en sang; et les pointes brusques vers Anvers, vers Ancône, calquées en caricature sur la guerre d'Espagne.

De là, mais sans alliage de pusillanimité, ce boursoufflement progressif de la marine, comme en défi de la nation voisine; et cette prorogation de sacrifices, en vue des îles à sucre, comme au mépris des décrets éternels.

De là, ces entreprises de canaux qui, déja, ont jeté dix millions à la charge de tout le pays, presque sans retour et souvent avec dommages pour tels ou tels lieux; et de chemins de fer qui vont joindre des contrées isolées de tout rapport, rechercher des transports mieux effectués par eau.

De là, pour mettre fin à la kyrielle des imaginations de toute sorte, et en venir aux seuls points dont il est question ici :

En premier lieu, la conservation d'Alger, avec extension dans le pays : idée la plus niaise, tant qu'à l'effet d'y récolter les denrées du tropique; idée la plus absurde dans la vue d'offrir un port de retraite aux flottes ; idée la plus atroce en raison du sang français coulant en pure perte et du sang africain versé hors de tout droit; idée la plus inique à l'égard des sources desséchées de la vie, dont le tribut forcé va arroser ce pays; idée la plus fatale dans le cas de guerre, où l'armée serait exterminée par les indigènes ou affamée par l'ennemi; idée à peine admissible, sous les ténèbres de la barbarie et d'esprit et de cœur, et accueillie sans vergogne dans le siècle resplendissant de lumières, à l'apogée suprême de la civilisation.

Passons. Respect au marbre arrondi en boules, corps bruts s'il en fut, qui, lancés dans l'espace on ne sait par quelle cause, tombent en obéissance à la loi de gravitation, au fond de l'urne obséquieuse.

C'est décrété cette année, non sans hésitation et appréhension, et avec quelque minime atténuation.

Et ce sera encore décrété l'an prochain, les signes du pronostic fâcheux s'aggravant sans cesse, puis une fois ou deux fois peut-être.

Enfin, et après une consommation déja faite en milliers d'hommes, en millions d'écus, après une consommation à faire de pareil nombre, de pareil prix et au-delà, ce ne sera plus décrété.

Tant l'homme ne revient au point de la raison, dont il devait partir, qu'après avoir parcouru à grand'peine, à grand risque, le circuit total de la déraison et être arrivé au bout.

Passons : et seulement notons les trente millions d'Alger, à prendre sur qui n'en sait rien, n'en veut mie, n'y peut mais, à prendre là où il n'y a rien, aussitôt le ventre à mi-plein et le dos à mi-couvert et le corps à mi-abrité.

Et donc, vivent les révolutions ainsi comprises! vive la civilisation ainsi entendue!

Naguères l'Amérique libérée de sa marâtre,

appelée aux plus hautes destinées : aujourd'hui l'Afrique labourée par le fer et le feu, replongée dans la barbarie :

En second lieu, c'est la prorogation de l'amortissement, né aussi sous une malencontreuse étoile dont les phases alternantes et déclinantes, portent l'annonce de sa prochaine extinction.

En France, le vers de Boileau est justement à retourner : voulez-vous de l'honneur ? on en a mis partout.

On passe du franc honneur de la gloire des armes à l'honneur bâtard du crédit de banque : le premier, dont se repaissait avec grande dépense de sang, l'empire à l'âge viril ; le second, qui est pris pour pâture, non sans grands frais de sueurs, et par la royauté caduque et par la monarchie imberbe.

C'est qu'en un tel siècle, comme l'honneur ne trouve pas à prendre siége au cœur gâté, pourri, il faut, par compensation, l'afficher à la pointe des bannières et façonner des enseignes en guise de trompe-œil.

En fait du crédit, deux voies sont ouvertes, l'une naturelle, lente et sûre, distinguée sous ces trois titres alliés, loyauté, prospérité, tranquillité : l'autre artificielle, et vive, variable, indiquée sous la rubrique du rachat des rentes ou de l'amortissement.

De celle-ci, il fut fait usage ou plutôt épreuve sur une certaine échelle, et en Angleterre et en France, dans des circonstances analogues, lors de la nécessité d'emprunts considérables : là, en 1786 et 1796, après la guerre d'Amérique et pendant la guerre de France ; ici, en 1816, au retour de la dynastie, au départ des étrangers.

Dans les deux cas, comme on empruntait infiniment plus qu'on ne rachetait, la manœuvre consistait en l'application d'un engin agissant à la façon de la pompe, pour soutirer une part des écus stagnant à fond de caisse, et en opérer le déversement dans les bassins mis à sec du trésor.

Un leurre était livré aux esprits, comme un appât est jeté aux poissons ; ceux-ci et ceux-là étant de même impatiens de s'y laisser prendre.

En 1816, cette mesure se concevait, tant au milieu du torrent fougueux, la plus frêle branche de salut était à saisir : et cependant, comme alors les fonds laissés aux contribuables auraient produit de hauts profits, il eût été préférable d'emprunter à des taux inférieurs encore, de conserver une plus forte masse de rentes, plutôt que de prélever sur la semence des valeurs naissantes, l'impôt affecté au fonds mort de l'amortissement..

Aussitôt que le temps qui ne s'arrête pas en son cours, a élevé le taux de la rente au pair, toujours singeant et même chargeant les exemples du pays rival, l'idée surgit et s'agite à la superficie du cerveau, d'opérer la réduction d'un cinquième, et non pas sur une faible portion de la dette comme en Angleterre, mais de prime-abord sur la masse totale.

Par grand bonheur, le projet ne tourne pas en loi ; car dans l'exécution, il y aurait eu ; d'une part, résistance, et de l'autre, obstination, de sorte à causer d'affreux désastres. Seulement, à six années de distance, le pauvre trône duquel les cœurs ont été ainsi aliénés, après une phase du plus niais arbitraire, en est tombé victime.

. Un tel échec n'abat pas les imaginations : si le présent ne porte que revers, l'avenir portera succès. Un jour ou l'autre, fût-ce en dix ans, en vingt ans, la réduction s'opérera enfin; il ne s'agit que d'entretenir et fortifier l'amortissement, sauf qu'au pis-aller, toutes les rentes soient rachetées avant qu'il n'y ait lieu à les réduire.

Et la première dizaine d'années est écoulée; et la seconde dizaine s'entame lestement. Mais de leur nature même, les rêves ne sont point soumis à l'action des sens, à la réaction des souvenirs.

On arrive en 1833, où le compte des profits et pertes est apuré ainsi :

Actif, en rentes achetées. . . . .   65 millions.
Passif, en dépenses effectuées. .   1,300 millions.

C'est-à-dire que le placement des fonds a eu lieu par terme moyen, à l'intérêt de 5 p.o/o ou au denier vingt : tandis que lesdits fonds, laissés aux contribuables, eussent jeté des produits à raison de 10 p. o/o ou du denier dix.

Qu'on lise les tables de Price. Suivant les lois collatérales de l'intérêt composé et des profits accumulés, en l'absence d'un tel emploi de 1,300 millions levés par la voie des impots, la richesse publique se serait accrue du double environ, ou de 2 milliards 600 millions.

D'où il résulte, à bout de compte, que les 65 millions de rentes reviennent au denier quarante à raison de 2 1/2 p.o/o.

Enfin, quelques lueurs instinctives venant à apparaître, on se résout, on se résigne à ne plus souffler le cinq au-dessus du pair, voire même à ne plus appliquer au trois, une puissance double de l'intérêt total : de sorte que, n'en déplaise à ces deux fonds, le cinq, inquiet de la réduction, aura à louvoyer sous voiles basses, pour une presque éternité, entre des termes fort voisins; et que le trois enflé de l'ambition du pair, aura à retenir sa bouillante ardeur, à passer de franc en franc, au lieu de franchir d'un seul saut, du cours de 75 au pair de 100. Par suite de cet éclair de bon sens, 32 millions sont appliqués aux dépenses de l'Etat, à la décharge des contribuables, et 20 millions environ restent consacrés au grand œuvre de la hausse du trois; et 44 millions se voient condamnés à servir de lest aux caisses du trésor, ou tout au plus à obtenir l'échange contre des bons du trésor à 2 1/2 et 2.

Tellement qu'en dernière analyse, l'Etat dérobe au pays, au moyen de la loi faite par les gens de l'Etat contre les gens du pays, plus de 40 millions à distraire du nécessaire obligé de la vie, ou à soustraire à tel et tel emploi portant 10 p. o/o de profits : rien que pour se donner le plaisir de marquer sur le baromètre du crédit, le taux de 2 1/2 en dette flottante, et de monter le cours du vif-argent au beau fixe, à raison de 4 p. o/o en dette consolidée.

Certes, cela fait un trésor, et même un cher

trésor, les fonds étant extraits de bon lieu et arrachés à un sol fertile, où la semence promettait la plus brillante moisson ; et les fonds étant mis à l'ombre, jetés entre les rocailles, où la triste récolte vaudra à peine le soin de la cueillir.

C'est à de telles conditions, onéreuses pour la richesse publique, odieuses et hideuses quant à l'existence personnelle, qu'en mars 1835, sont thésaurisés 90 millions, et que seront thésaurisés, en mars 1836, 139 millions, puis en mars 1838, 255 millions.

Voilà qui donne à penser, et de bord et d'autre : en ceux-ci suscitant la généreuse passion d'alléger les charges écrasantes du peuple, et chez ceux-là, excitant la misérable tentation de dégrever le trésor de la dette flottante, de libérer le grand-livre de l'emprunt décrété.

Que c'est donc commode, agréable ! Cette rentrée de 40 millions par an s'opère couramment sans doute, volontairement ce semble, joyeusement peut-être, et comme en manière d'offrandes, tel payant la dîme au centième de ses facultés : tel autre la subissant au cinquième, et la larme resserrée sous la paupière, apportant en tribut le denier de la veuve, le centime de l'orphelin.

Ainsi pleut chaque jour la rosée du ciel, et pleuvait au vieux temps la manne du désert ! qui donc serait assez indigne que de répudier les faveurs de la Providence ?

Dans trois ans, et c'est si peu que trois ans, auprès d'une éternité de souffrances, qui sait si l'ou n'avisera pas de s'enquérir de ce que c'est que le pays, de ce qu'est le peuple faisant le pays, et si par malheur le peuple est en besoin, si par hasard il est en droit; et même si demain peut-être, il ne serait pas en force de faire la loi plus dure encore, que la loi qui lui est faite aujourd'hui.

Laissons l'avenir à ses destinées; bornons-nous aux soins du présent.

Ainsi s'exprime le rapport. « En avril 1838, les réserves faites sur l'amortissement atteindront 255 millions. Or, 255 millions sont précisément la somme que les lois en vigueur ont autorisé le gouvernement à se procurer par des négociations de rentes : il existe donc un moyen d'obtenir le même capital, sans livrer des rentes au public, sans accroître la masse de celles qui sont en circulation. » (Page 7.)

Laquelle proposition se résume, se résout en cette équation d'évidence mathématique : $255 = 255$.

Ici, le génie rencontrant les colonnes d'Hercule, ne pousse plus loin, ne perce plus avant, ne pénètre pas jusqu'aux entrailles palpitantes de la matrice où s'enfantent les écus, non sans le travail le plus laborieux, non sans le recours fréquent au forceps.

Quant à l'ame, rien n'est touchant comme la révérence superlative, et l'extrême délicatesse, et les scrupules timorés, au sujet tant précieux des droits inhérens en principe et des titres afférens par décret, à l'être de l'amortissement, qui semble respirer et vivre sous les crayons animés de l'écrivain.

Et vraiment, cet être a été promu en banque et en bourse, à la fonction d'idole, de fétiche, si bien que l'anathème est encouru par quiconque ne plie pas le genou : telle est la monomanie, que le rapport d'ailleurs calqué sur l'exposé, se choque fort, de ce que le projet de loi semble méconnaître *l'individualité* de la caisse d'amortissement. (Page 9.)

Mais, sauf que l'expression n'ait avorté au bout de la plume, et les sens chargés du rapport sur la réalité, l'intensité des faits, et le sens destiné à l'examen, à l'analyse des faits, font faillite en plein.

Rien ne donne lieu de soupçonner qu'il ait été recherché, de quelle source émanaient les écus voués au service de l'amortissement, et si la source se répandait en longs flots ou ne suintait qu'un mince filet, et si par un circuit quelconque, le bassin restituait à la source ainsi rajeunie, une part des valeurs qu'il en recevait.

Voilà des écus, des écus de bon aloi : on n'a que la peine d'en prendre compte, que l'embarras d'en faire emploi.

Du reste, car il faut faire la part de l'éloge, il n'est moyen de mieux établir, comment, au lieu de n'agir que sur la dette publique et d'acheter à *des prix supérieurs aux prix d'émission*, l'amortissement avait plutôt à agir sur la dette flottante, et à prévenir la nécessité des emprunts, à en détruire les élémens. (Page 13.)

En cela même, était consommé le sacrifice de l'amortissement proprement dit ; car en dépit des arts de l'amphybologie, ce ne seront jamais des actes semblables ni même analogues, que de racheter à prix défendu des rentes circulantes sur la place, et de rembourser au pair les bons négociés par le trésor.

« Fier Sicambre, tu briseras ce que tu adorais , « et tu adoreras ce que tu brisais. »

Il y a long-temps que cette parole a été dite : le fait suit le dire, par cela que les choses qui n'ont pas de sens , ont une fin marquée d'avance. (*Commencement de la fin* : 1832.)

Les voyages forment la jeunesse ; l'Afrique donne la grande leçon. En ce pays, on se fait des dieux aussi, non pas de marbre poli ainsi qu'en Grèce , mais de bois à peine dégrossi : et sitôt le dieu taillé, installé, il lui faut, paresseux qu'il est , se mettre à l'œuvre, donnant ici de la pluie, et là du soleil, comme il duit à chacun; sans quoi, l'échalas ou la bûche ci-devant dieu, est jeté à bas de l'autel , est brisé en éclats.

Ainsi en fait d'amortissement, le fétiche suranné, vermoulu, est enfin renversé ; et en son lieu, s'élève un autre fétiche au moins frais et neuf.

Sauf qu'on ne veuille absolument voter sans connaître aucunement ce qu'on vote , il faut entendre ceci :

Le fonds destiné par le projet de loi à rembourser d'autant la dette flottante et à être inscrit au crédit de la caisse d'amortissement , se divise en deux portions de nature fort différente , par mégarde apparemment, confondues et dans l'exposé et dans le rapport.

Une part a déja été recueillie ou sera recueilie en 1835 , montant au premier janvier 1836 , à près de

130 millions : une autre part est à recueillir, s'il y a lieu, d'après la loi du budget, depuis cette époque jusqu'en mars 1836, montant à 125 millions environ.

Là, il faut dépenser : ici faut-il percevoir ? — Quelles sont les deux questions.

Quant à la première part de 130 millions, elle est fort bien attribuée à remplacer l'emprunt décrété, et le serait mieux encore peut-être à rembourser la dette flottante qui s'élèvera au premier janvier 1836, à 546 millions. (Page 3.)

Ou plutôt, si les esprits étaient assez avancés pour concevoir ce qui est vrai et comprendre ce qui est clair, il y aurait à appliquer cette somme à des emplois d'utilité commune et réelle, conditions rarement appréciées, et par exemple, aux chemins vicinaux, aux casernes et prisons ; d'après ce principe sacré que le produit de l'impôt ordinaire ne doit jamais être attribué aux dépenses extraordinaires.

Quant à la seconde part des 125 millions, elle n'est pas disponible, et ne peut l'être que d'après le vote des recettes de 1836, 1837, 1838, et ne doit l'être qu'autant qu'il n'y a point de brèche à justice, point de perte en richesse, à provoquer la levée de l'impôt qui autrement, serait aboli à défaut d'emploi des fonds, et qui par conséquent, est seul à y subvenir, à la fournir.

Chacun nomme cet impôt, cette taxe plutôt: et l'an passé, un tiers de la chambre, toute la presse libre n'ont eu qu'un cri à ce sujet.

Mais alors l'interdiction était prononcée par la loi de 1833, au point que la chambre n'avait que le rude moyen de refuser une portion des subsides, tandis qu'à présent les trois premiers articles du budget emportent dérogation à cette loi et constituent l'initiative du gouvernement : de façon qu'il n'y a qu'à les amender comme il plaît, juste au point de les annuler si cela convient, ainsi que l'usage en est passé en droit, grace à la chambre vraiment introuvable en fait de bévues.

Or, moralement, politiquement, économiquement, tout est relatif : raison n'est que comparaison.

En fait d'impôts et de taxes, il n'y a pas de dissentiment sur le plus onéreux, le plus odieux, en sorte que rien ne reste à en dire.

La comparaison est seulement à établir entre le bénéfice de l'emploi et la charge du subside.

Les 130 millions devant être colloqués sous forme d'emprunt, l'emploi consiste à remplir un emprunt de 125 millions à l'intérêt de 5 millions en 4 p.0/0.

Et cet intérêt est à payer, cela étant sous-entendu que le remaniement de l'impôt aura lieu sur la généralité des tributs, par l'universalité des contribuables, en proportionnalité des facultés.

Voilà le bénéfice, qui est de l'ordre des infiniment petits, à raison du deux centième de l'impôt : et voici la charge.

La taxe du sel, coûtant brut au pays 75 millions et valant net au trésor 56 millions, en la réduisant à 5 fr. par quintal métrique, rapporterait bien au-delà de 12 millions, libérant ainsi le pays de 60 millions au moins et ne laissant le trésor en déficit que de 44 millions au plus.

C'est justement le montant de la somme d'abord affectée au rachat des rentes, puis appliquée au service de la dette flottante, enfin appelée en remplacement d'une part de l'emprunt.

La balance s'établit ainsi : d'un bord, bénéfice de 5 millions à jouir tous les ans ; de l'autre, charge de 44 millions à subir pendant deux ans et un quart.

Et sous le rapport de la justice, les 5 millions sont prélevés où il y a, et d'autant qu'il y a plus ; au lieu que les 44 millions nets ou les 60 millions bruts sont perçus où il y a peu ou point, et d'autant qu'il y a moins.

Et sous le rapport de la richesse, les 5 millions en annuité permanente seraient couverts d'année en année et même par-delà, au moyen des valeurs progressivement naissantes de l'emploi libre des 44 millions.

C'est-à-dire que dans le bilan de l'Etat, la dépense ou la perte se réduit à zéro, et que dans le bilan du pays, la rentrée ou le profit s'élève à 44, à 60 millions.

A cela, rien à dire, sauf que le trésor est tout l'Etat et l'Etat tout le pays, que le pays n'est pas le peuple et que le peuple n'est pas l'homme, enfin que l'homme en corps et en ame n'est rien.

A cela rien à dire, sauf que les députés ont seulement charge d'agir à leur volonté, selon leurs idées, dans leurs intérêts ; que les mandataires sont

souverains et les commettans sujets; que les révolutions n'ont d'autre effet que de supplanter la monarchie par l'oligarchie ; enfin , que l'honneur , le
devoir , le sentiment sont passés hors d'usage et mis
au rebut.

A cela rien à dire, sauf qu'en la société, deux
races sont crées, l'une pour régler les dépenses au
bon plaisir, l'autre pour fournir les recettes à
grand'peine.

Et pour lors , n'y a-t-il pas, de la part du pouvoir, rébellion, usurpation, et perfidie, forfaiture?
comme de juste suscitant la colère, provoquant la
vengeance, tant que trop tard et trop fort, vient à
éclater l'arrêt de la fatalité, ici providentielle ce
semble.